# 三國志

이희재 삼국지

7

서 촉 을 정 벌 하 다

Humanist

# 작가의 말

《삼국지》에는 숱한 이야기의 물줄기가 흘러갑니다. 잔잔한 수면 위에 파동이 일기도 하고, 장대비가 내리치며 홍수가 이는가 하면, 거센 파도가 밀려와 평온한 마을을 덮치기도 합니다. 사람과 사람, 세력과 세력이 맞물리고 부딪치며 대륙을 질러가고, 산과 들을 굽이돌아 흐르며 천지를 뒤흔듭니다. 1800여 년 전, 고대 중국에서 구름처럼 일었던 인물들의 이야기입니다.

천지가 요동쳐도 흔들림이 없는 관우, 감정에 충실한 용맹의 사나이 장비, 인의의 뜻을 따르며 어질기 그지없는 유비, 이상을 품고 초막에 누워 있다 유비를 따라나선 풍운의 지략가 제갈공명, 사람을 버리고 얻는 데 실리를 좇으며 천하 제패에 다가서는 조조, 무도한 행동으로 배신의 대명사가 된 여포, 그 밖에도 손권·주유·원소·공손찬·조자룡·태사자·방통·황충·마초·강유·사마의 등등…. 실로 수백수천의 영웅호걸들이 활개를 칩니다. 어떤 이는 힘과 용기로, 또 어떤 이는 머리와 꾀로, 밀고 당기고 치고 빠지며 천하를 종횡합니다.

어렵고 긴 내용을 경쾌하게 만날 수 있다는 것이 만화의 장점입니다. 한 권에 수백 쪽이 넘는 활자책을 이백여 쪽의 시각 조형으로 구성하는 일은 제한된 지면의 절대 공간과 싸우는 일이었습니다. 《삼국지》를 만화로 만드는 과정은 원작의 큰 줄기를 살리고 곁가지들을 솎아 내는 일이기도 하였습니다. 나관중 원작에서 벗어난 부분을 살피고, 중국 민중들 사이에서 입으로 전해지는 에피소드를 일부 보탰습니다.

흔히 《삼국지》를 세상살이를 읽는 책이라고 합니다. 세상을 살아가며 사람 사이의 관계를 헤아리고 자신을 돌아보며 성찰을 이끌어 내는 내용이기 때문일 것입니다. 한 번쯤 읽어야 할 고전이며 한 번쯤 걸어야 할 길이라는 의미이기도 합니다. 《이희재 삼국지》는 아이와 부모가 함께 읽을 수 있는 책으로, 부모들이 먼저 읽고 자녀들에게 권하는 만화입니다. 《삼국지》의 무대 속으로 들어가 시간 여행을 하기 바랍니다.

2016년 7월
이희재

# 등장인물

## 유비·관우·장비
유비는 방통과 함께 서천으로 진격하다가 난관에 부딪힌다. 소식을 들은 장비는 제갈량 등과 함께 지원에 나선다. 관우는 형주에 남아 조조와 손권의 침략에 대비한다.

## 방통
제갈량에 비해 큰 활약을 하지 못하던 방통은 서천 정벌에 힘을 쏟는다.

## 조자룡
동오의 계략에 맞서 유비의 장자인 유선(아두)을 구출한다.

## 마초
한수와 갈등하다가 조조에게 패한 후 한중의 장로에게 몸을 맡긴다.

## 장로
한중 지역을 장악하고 있는 실권자. 조조와 힘겨운 싸움을 벌인다.

## 유장
익주를 다스리고 있는 한실의 종친. 성격이 유약하여 매사에 갈등한다.

## 손권
손 부인과 유선을 데려오려다 실패한다. 이후 조조가 한중을 차지하자, 합비를 치기 위해 진군한다.

## 노숙
손권이 형주를 잃은 책임을 묻자, 관우를 죽이려는 계략을 세운다.

## 조조
한중을 정벌하고 동오로부터는 조공을 받기로 한다. 이 공으로 위왕에 오른다.

## 순욱과 순유
순욱은 조조의 충실한 모사였으나 직언을 하다가 미움을 받는다. 순유 또한 조조의 행태에 실망해 몸져누웠다가 숨을 거둔다.

## 차례

작가의 말　4
등장인물　6

| 제1장 | 조조가 마초와 한수를 이간하다 | 11 |
| 제2장 | 품으로 굴러드는 서천 | 27 |
| 제3장 | 조자룡은 아두를 지키고, 조조는 강동에서 물러가고 | 47 |
| 제4장 | 봉추, 낙봉파에서 떨어지다 | 69 |
| 제5장 | 장비가 서천 맹장을 끌어들이다 | 93 |
| 제6장 | 유비가 촉의 주인이 되다 | 113 |
| 제7장 | 칼 한 자루로 형주를 지키네 | 135 |

| | | |
|---|---|---|
| 제8장 | **조조가 서쪽으로 움직이다** | 151 |
| 제9장 | **한중을 취한 조조** | 167 |
| 제10장 | **드높은 충의도 헛되이** | 191 |
| | ■ 연표 | 211 |

■ 일러두기

- 이 책에서 말하는 《삼국지》는 진수가 쓴 정사 《삼국지》가 아니라 나관중이 지은 소설 《삼국지연의》를 뜻합니다.
- 《삼국지》에는 유비·조조처럼 성과 이름으로 부르는 경우와, 현덕(유비)·맹덕(조조)처럼 자로 부르는 경우가 뒤섞여 있습니다. 상대방을 이름으로 부르는 것은 자신보다 지위가 낮거나 어린 사람인 경우, 또는 싸움에서 상대를 무시할 때 등이고, 보통은 이름 대신 자를 부르는 것이 관례입니다. 이 책에서는 공명(제갈량)이나 자룡(조운)처럼 자가 널리 알려진 몇몇 인물만 자와 이름을 혼용해 썼고, 그 외 인물 대부분은 혼란을 줄이기 위해 성과 이름으로 표기했습니다.
- 지명은 〈외래어 표기법〉 대신 소설에서 널리 쓰인 관용 표기를 따랐습니다. 예를 들어 洛陽을 뤄양이라 하지 않고 낙양처럼 우리 한자음 읽기를 했습니다.
- 이 책에 실린 지도와 연표는 《삼국지》의 이해를 돕기 위한 것으로 실제 역사와는 차이가 있습니다.

제1장

# 三國志

― 조조가 마초와 한수를 이간하다

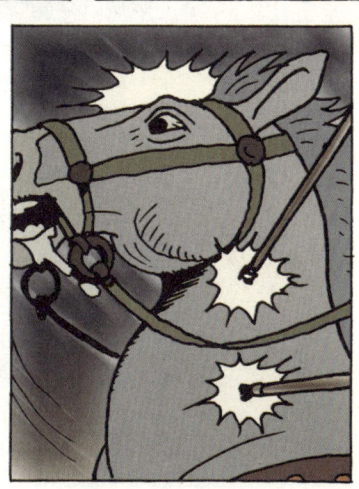

헌제는 몸소 성 밖으로 나와 조조를 맞이하고 세 가지 특전을 내렸다.

첫째, 조조가 황제를 만날 때 이름을 외치지 않아도 된다.

둘째, 황제 앞에서 종종걸음을 걷지 않아도 된다.

셋째, 칼을 차고 신을 신은 채 황제 곁에 오를 수 있다.

이후 조조의 위엄은 나라 안팎을 떨쳐 울렸다. 마초의 출병이 조조에게 복이 된 셈이다.

제2장

# 三國志
## 품으로 굴러드는 서천

- **한녕** 장로가 조정의 간섭으로부터 벗어나 한중을 지배하면서 지역 이름을 한녕으로 바꿨다.
- **서천** 익주 지역 일대로, 서촉을 달리 이르는 말이다.

충신들의 만류에도 불구하고 유장은 멀리까지 나가 유비를 맞이했다.

제3장

# 三國志

**조자룡**은 **아두**를 지키고,
**조조**는 **강동**에서 물러가고

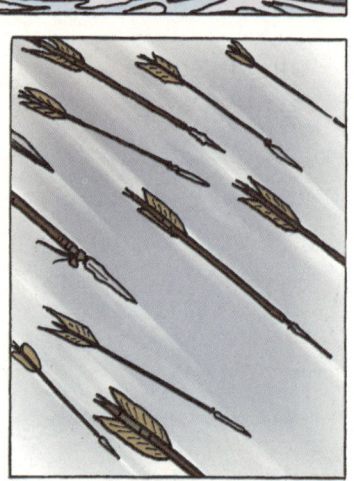

제3장 조자룡은 아두를 지키고, 조조는 강동에서 물러가고

손권은 수도를 말릉으로 옮겼다.

그리고 유수 어귀에 둑 벽을 쌓아 조조군의 공격에 철저히 대비하였다.

구석(九錫)이란 공이 큰 제후에게 내리는 아홉 가지 특전이다. 첫째, 말과 수레에 위엄을 갖춘다. 둘째, 곤룡포와 면류관을 쓸 수 있다. 셋째, 구석을 받는 사람의 훌륭한 점을 기리는 춤과 노래를 받는다. 넷째, 붉은 대문이 달린 집을 받는다. 다섯째, 칼을 차고 황제가 있는 전상을 드나들 수 있다.

여섯째, 3백 명의 호위병을 거느릴 수 있다. 일곱째, 붉은 활과 붉은 화살, 검은 활과 검은 화살을 받는다. 여덟째, 작은 도끼와 큰 도끼를 받는다. 아홉째, 검은 기장과 향기로운 술, 종묘 제사에 쓰는 제기를 받는다.

그대들의 뜻이 그렇다면….

승상, 구석을 받지 마옵소서.

뭐?

승상께서는 의로운 군사를 일으켜 기울어 가는 한실을 붙드셨습니다.

처음의 곧고 바른 뜻을 지켜 겸손하게 물러나는 미덕을 보이소서.

구석을 받으시면 그동안 걸어온 길에 흠집을 내게 됩니다.

순욱, 이놈이….

그 말은 승상께서 구석을 받을 자격이 없으시다는 뜻이오?

승상께서 구석을 받으시는 건 우리 모두의 뜻이오!

212년 10월, 조조는 적벽의 패배를 앙갚음하기 위해 군사를 일으켜 강동으로 향했다.

순욱에게 이번 원정에 함께 가자고 전해라.

예!

승상께서 내게 종군을 명하셨다고?

어서 준비하시지요!

구석 문제로 내게 감정이 쌓이신 게로군.

가지 않으면 명을 어긴 죄를 묻고, 가면 사지에 내몰아 죽일 터….

나는 지금 몸이 아파 움직일 수가 없다고 아뢰어라.

• 합 음식을 담는 뚜껑이 있는 그릇.

순욱은 쓸쓸하게 웃으며 미리 준비해 둔 독약을 꺼내 마셨다.

조조는 순욱의 장례를 후하게 치러 주고, 그의 넋을 위로했다.

순욱…, 자네는 죽는 날까지 한실에 대한 충성심을 버리지 않았지만…

난 한실에 대한 신념을 버린 지 이미 오래네. 이제 내겐 야망만이 있을 뿐이야.

먼저 동오를 꺾어 천하 통일의 발판으로 삼겠다!

하지만 동오가 이미 만반의 준비를 갖춰 놓은 상태여서 조조군은 고전을 면치 못했다.

이럴 수가! 장강에서 붉은 태양이 솟다니!

게다가 하늘엔 이미 두 개의 태양이 떠 있잖는가?

세 개의 태양이 한 하늘에 있다니!

제4장

# 三國志

— 봉추, 낙봉파에서 떨어지다

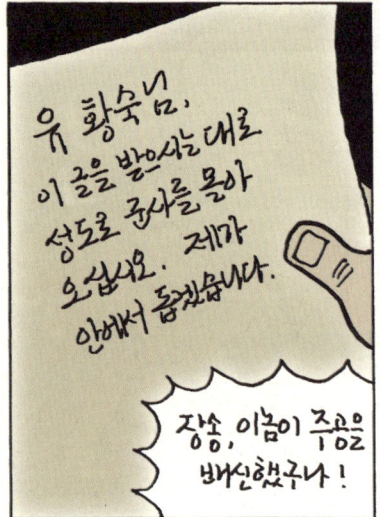

제4장 봉추, 낙봉파에서 떨어지다

• **봉추** 봉황의 새끼라는 뜻. 낙봉파는 봉황이 떨어지는 고개라는 의미라서 호가 봉추인 방통의 죽음을 암시한다. 하지만 낙봉파에서 방통이 죽었다는 것은 소설 속 허구다.

공명과 더불어 천하에 이름이 드높던 방통은 유비 휘하에 들어와 그 날갯짓을 맘껏 펼쳐 보이기도 전에 서른여섯의 나이로 세상을 떠났다.*

유비군은 기세가 오른 서천군에게 쫓겨 부수관으로 후퇴했다.

유비가 죽었다!

놈들을 계곡에 묻어 버리자!

우아아!

• **방통의 죽음** 방통이 죽은 해는 사서에 따라 213년, 혹은 214년으로 차이가 있다.

전군 출정이다!

오랜만에 몸을 풀겠구나!

공명·장비·조자룡은 세 갈래로 군사를 나누어 서천으로 향했다.

제5장

# 三國志

장비가 서천 맹장을 끌어들이다

제6장

# 三國志

― 유비가 촉의 주인이 되다

제7장

# 三國志

―칼 한 자루로 **형주**를 **지키네**

실은 장군께 드릴 말씀이 있습니다.

지난날 유 황숙께서는 이 노숙의 보증으로 형주를 빌려 가시면서, 서천을 얻으면 돌려주겠다고 약속하셨소.

술자리에서 나눌 얘기가 아닌 듯싶소.

얼마 전, 유 황숙께서 형주의 세 군을 돌려주라 하셨다던데, 무슨 이유로 명을 거역하였소?

그래서 지금 나를 죽이기라도 하겠다는 말씀이오?

우리 주공께서는 조조에게 쫓기는 유 황숙을 돕기 위해 선뜻 형주를 내주셨습니다.

그걸 잊으신 겁니까?

제7장 칼 한 자루로 형주를 지키네 147

제8장

三國志 —— 조조가 서쪽으로 움직이다

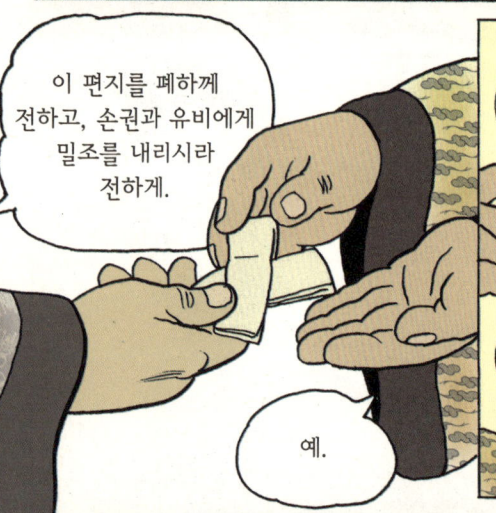

조조는 한중의 관문인 양평관으로 진격했다.

제9장

# 三國志

― 한중을 취한 조조

제9장 한중을 취한 조조 169

조조의 작전은 그대로 들어맞아 양평관은 손쉽게 조조의 손에 떨어졌다.
와 와 와
어리석은 것들! 우리가 그렇게 물렁하게 사라질 줄 알았어?
장합
컥!

조조는 기세를 몰아 장로가 있는 남정성까지 진격했다.
본격적인 조조의 한중 정벌이 시작된 것이다.
장로야, 어서 목을 내밀고 칼을 받아라!
죽기 싫으면 대가리 박고 내려와!

"마지막으로 허저가 네놈을 손봐 주마!"

"방덕은 전혀 지치는 기색이 없습니다."

"오히려 무예를 뽐내고 있는 것 같습니다."

"음, 더욱더 탐나는구나!"

"저런 식으로는 방덕을 사로잡을 수 없겠는데요."

"마초보다 무섭다더니 역시…."

"방덕을 내 사람으로 만들 방법이 없겠소?"

"장로의 모사 양송은 탐욕스러워 뇌물을 좋아한다고 들었습니다."

"양송에게 귀한 물건을 보내 장로 앞에서 방덕을 헐뜯게 하십시오. 그럼 장로가 방덕을 내치지 않겠습니까?"

"하지만 어떻게 성안으로 사람을 들여보내겠나?"

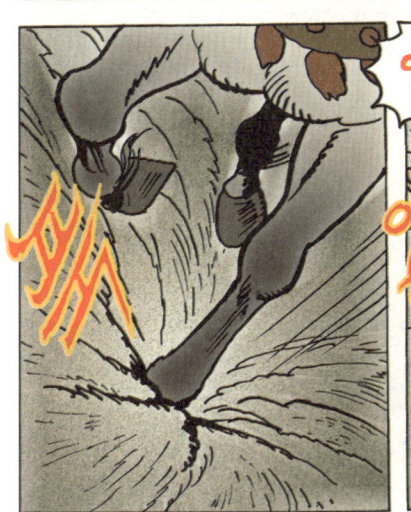

손권과 조조는 몇 번씩이나 죽을 고비를 넘기며 힘든 싸움을 계속했다.

제10장

# 三國志

— 드높은 충의도 헛되이

좌자는 한 사람마다 5리씩 대신 짐을 져 주었다.

## ■ 3세기 초 후한 정세

서촉은 서천·서군·파·촉·파촉 등 여러 이름으로 불리는데 현대 중국의 쓰촨 성 일대와 거의 비슷하다. 경제·지리적으로 매우 중요한 지역이라 여러 세력이 탐을 냈으나, 험난한 지형이 천연 요새의 역할을 해서 진출하기는 쉽지 않았다.

❶ 마초는 아버지 마등의 원수를 갚기 위해 허도로 진격하던 중 장안에서 조조군과 싸우다 패퇴한다.

❷ 조조의 위세가 점점 커지자 한중의 장로는 서촉 지역을 차지하여 힘을 키우기로 한다.

❸ 서촉의 유장은 장송을 조조에게 보내 도움을 청하지만, 조조는 장송의 무례에 화가 나 거절한다.

❹ 위기를 느낀 유장은 측근들의 반대에도 유비에게 도움을 청하고, 유비는 유장의 요청을 받아들여 서촉 지방으로 진출한다. 유장과 유비는 초기에는 협력 관계를 이어 가지만 점차 갈등을 빚는다. 결국 유비가 성도를 떨어뜨리고 서촉을 차지한다.

❺ 조조가 강동을 치려 한다는 소식이 들리자, 손권은 도읍을 말릉으로 옮긴다.

❻ 적벽의 패배가 뼈에 사무친 조조는 강동으로 향하지만 철저하게 대비를 한 동오군에 밀려 회군하고 만다.

❼ 이후 유비는 손권에게 형주 일부를 돌려주는 대신 조조를 치도록 부추긴다. 이에 손권이 합비에서 조조와 맞붙으나 지루한 대치에 빠지고 만다.

# ■ 연표

**211** 마초가 패퇴하다.
마초는 한수와 손을 잡고 조조군에 맞서 승승장구한다. 조조는 교묘한 꾀로 마초와 한수 사이를 갈라놓고 마초는 패퇴한다.

유장이 유비를 불러들이다.
한중의 장로가 익주를 넘보자 유장은 법정을 유비에게 보내 지켜 달라고 부탁한다. 갈등하던 유비는 결국 방통의 건의에 따라 익주로 진출한다. 제갈량은 관우·장비·조자룡 등과 함께 형주를 지키기로 한다.

**212** 손권이 손 부인을 데려오려 하다.
유비가 서천의 가맹관에 있다는 소식을 들은 손권은 형주를 칠 계획을 세우나 국태 부인의 반대에 부딪힌다. 손권은 누이인 손 부인과 유비의 아들인 유선을 데려오려 하지만 조자룡에게 막혀 실패하고, 손 부인만 간신히 동오로 돌아간다.

손권이 도읍을 말릉으로 옮기다.
조조가 적벽에서의 패배를 씻기 위해 대군을 이끌고 강동으로 향한다는 소문이 돌자, 손권은 도읍을 말릉으로 옮긴다.

조조가 위공에 오르다.
조조가 위공에 오르고 구석을 받는다.

조조가 다시 강동으로 진군하다.
조조가 잠시 진군을 머뭇거린 사이 만반의 준비를 갖춘 동오는 조조군과 맞선다. 이듬해 봄까지 성과를 올리지 못한 조조는 결국 철군을 결정한다.

**213** 유비와 유장이 갈라서다.
유비를 끌어들이려는 장송의 밀서가 드러나면서 유비와 유장은 등을 돌리게 된다. 이후 유비는 유장의 휘하인 양회와 고패를 죽이고 부수관을 차지한다.

방통이 죽다.
유비는 유장이 있는 성도로 가기 위해 길목에 있는 낙성을 공격한다. 방통이 앞장서서 군사를 지휘하다가 전사하고, 유비 역시 위기에 빠진다. 서천의 전황을 들은 제갈량은 관우에게 형주를 지키도록 하고, 자신은 장비·조자룡과 함께 서촉을 향해 진격한다.

**214** 마초가 유비에게 오다.
조조에게 패한 후 한중에 있던 마초는 장로의 명을 받고 유비를 치러 나선다. 제갈량은 계략을 써 마초가 투항하도록 만든다.

관우가 칼 한 자루로 형주를 지키다.
노숙이 옛 약속을 상기시키면서 형주를 돌려 달라고 요청하지만 관우는 거절한다. 이에 노숙은 숨겨 둔 병사를 풀어 관우를 위협하려 하나 관우는 칼 한 자루에 의지해 위기에서 빠져나간다.

조조가 복 황후를 시해하다.
복 황후는 아버지 복완과 의논하여 조조를 제거하려 하지만 사전에 발각되고 만다. 조조는 이 일에 직접 가담한 사람들은 물론 연루된 수백 명의 사람들까지 참살한다.

**215** 조조가 한중을 거머쥐다.
조조는 장로를 치고 한중을 취한다. 이 싸움에서 맹장 방덕을 얻는다.

합비 전투
유비는 손권에게 형주 일부를 돌려주는 대신 조조를 치도록 부추긴다. 이에 손권이 합비에서 조조와 맞붙으나 지루한 대치에 빠지고 만다. 부담을 느낀 손권은 조조에게 사람을 보내 협상을 시도하고, 조조는 조공을 받는 조건으로 합비에서 물러나기로 한다.

**216** 조조가 위왕이 되다.
한중을 정벌하고 동오로부터 조공까지 받는 등 위세가 높아진 조조는 왕의 자리에 오르고 장남 조비를 세자로 세운다.

**218** 경기와 위황 등이 조조 제거에 나서다.
조조의 간악함에 분노하던 경기와 위황이 김위·길막·길목 등과 힘을 합쳐 조조 제거에 나서지만, 조휴와 하후돈에 막혀 실패하고 만다.

## 이희재 삼국지 7 서촉을 정벌하다

글 그림 | 이희재
원작 | 나관중
만화 어시스트 | 오현(구성), 유병윤 장모춘(데생), 고은미 지혜경(채색)

초판 1쇄 발행일 2016년 11월 30일

발행인 | 김학원
경영인 | 이상용
편집주간 | 김민기 위원석 황서현
기획 | 문성환 박상경 임은선 김보희 최윤영 전두현 최인영 이혜인 이보람 이효온
디자인 | 김태형 유주현 구현석 박인규 한예슬
마케팅 | 이한주 김창규 이정인 함근아
저자·독자 서비스 | 조다영 윤경희 이현주 (humanist@humanistbooks.com)
스캔·출력 | 이희수 com.
조판 | 프린웍스
용지 | 화인페이퍼
인쇄 | 삼조인쇄
제본 | 정성문화사

발행처 | (주)휴머니스트 출판그룹
출판등록 | 제313-2007-000007호(2007년 1월 5일)
주소 | (03991) 서울시 마포구 동교로23길 76 (연남동)
전화 | 02-335-4422 팩스 | 02-334-3427
홈페이지 | www.humanistbooks.com

ⓒ 이희재, 2016

ISBN 978-89-5862-154-6 07910
ISBN 978-89-5862-158-4 (세트)

이 도서의 국립중앙도서관 출판예정도서목록(CIP)은 서지정보유통지원시스템 홈페이지(http://seoji.nl.go.kr)와 국가자료공동목록시스템(http://www.nl.go.kr/kolisnet)에서 이용하실 수 있습니다.(CIP제어번호: CIP2016026488)

### 만든 사람들

기획 | 위원석 (wws2001@humanistbooks.com)
편집 | 고홍준 이영란 이혜인
디자인 | 김태형 박인규
지도 | 임근선

• 이 책은 저작권법에 따라 보호받는 저작물이므로 무단전재와 무단복제를 금합니다. 이 책의 전부 또는 일부를 이용하려면 반드시 저자와 (주)휴머니스트 출판그룹의 동의를 받아야 합니다.